Rückrufe

Fritz Deppert

RÜCKRUFE

Gedichte

chiliverlag

Meiner geliebten Frau

Gabriella

Mit Haut und Haar

Das Gefühl, Liebe erfahren zu haben, lohnt zu leben
und gelebt zu haben

Mit Haut und Haar

Nein,
meine Suppe ess ich nicht,
nein,
meine Hände wasch ich nicht,
nein,
meine Arbeit tu ich nicht,
nein,
meine Zeitung les ich nicht,
nein,
meine Zukunft leb ich nicht,
ja, aber dich,
dich liebe ich
und ess dich auf
mit Haut und Haar.

Nimm mich mit

Geh nicht in den Regen,
die Flut könnte sich
verlieben in dich
und dich wegspülen;
geh nicht in die Sonne,
sie könnte dich verzehren;
geh nicht in die Nacht,
sie könnte dich schlucken
und Hochzeit machen mit dir
auch gegen deinen Willen.
Flieg nicht mit dem Flugzeug,
fahr nicht mit dem Zug
oder nimm mich mit
wenigstens als Zelt über das Herz
in deiner Brust.

Ausquartierung

Die Abstellkammer
erlässt uns das Eintrittsgeld.
Im Licht eines Streichholzes
werden wir transparent,
zwei gesprochene Vokale.
Bevor uns ein Luftzug wegbläst,
schreiben wir, herzumrandet,
mit verkohlter Streichholzspitze
Namen auf die Tür,
deinen und meinen.

Nachtinventar

Mondkraut, gepresst,
Stechfliegen als Geräusch;
Schweigendes hörbar gemacht,
der Flug eines Vogels,
die Hieroglyphen der Fledermaus,
das Fallen eines Blatts
und du, du Mondzauberin
mit einem Körper
aus federweißem Glas.
Licht, das in die Augen springt,
wenn wir sie öffnen,
ein Stern, eine Kette
von Kirchturm zu Kirchturm gespannt.

Nacht schließt die Augen wieder,
löscht die Bewegungen,
vereinzelt die Geräusche.
Bleib in meiner Nähe,
damit ich dich fühlen kann.
Wie warm du bist,
wie zart ist deine Haut.
Bist du es noch
oder ist es schon die Nacht, die sich,
den Platz mit dir tauschend,
zu mir gelegt hat?
Oder seid ihr eins,
du und die Nacht?
Mondkraut, gepresst,
Schweigendes hörbar gemacht,
Körper aus federweißem Glas.

Neue Jungfernschaft

Süße Melone auf der Zunge,
die Hände verschränkt,
deine Hände, meine Hände,
dein Gesicht, mein Gesicht,
mondlose, mundlose Nacht,
tastbar als Haar, Atem, Lippe;
wir sterben in Dunkelheiten.
Wir schlafen auf dem selben Kissen
und träumen verschiedene Träume.
Manchmal spielen wir eine Rolle,
du in meinem, ich in deinem Traum,
dann tragen wir Wünschelruten,
spielen mit roten und mit blauen
Schmetterlingen und erwachen
mit unversehrter Jungfernschaft,
süße Melone auf der Zunge.

Verrücktsein

Komm,
lass uns
verrückt sein miteinander.
Wir lutschen uns am Daumen
ein schöneres Land herbei,
mit fliegenden Teppichen
landen wir dort.
Wir landen auf Inseln
in reinen Flüssen
und werfen die Fischnetze aus;
ich fang dich als Nixe,
du fängst mich als Jonas
heraus aus dem Walfischbauch.
Du löst dein Haar,
kämmst es und wirst die Jungfrau,
die den Riesen sanftmütig macht.
Ich werde
Frosch und Prinz und goldener Ball
und schlüpf in dein Bettchen.
Du deckst uns mit Mondziegeln zu.
Zauberin, komm,
lass uns verrückt sein,
du mit mir, ich mit dir.
Das Wenn und Aber
küssen wir weg.

Rendezvous auf einer Parkbank

Ich nehme mein Herz
von deiner Zunge
und schluck es wieder runter,
komm weg von der Falschmünzerei
Bank, Straßenlaterne und Liebesschwüre.
Komm in mein Bett;
die Wetterspinne, der Mondkürbis,
die Krähe Nacht,
lass sie, lass auch
den kleinen Handtaschendieb
durchs Fenster steigen;
was er klaut, brauchen wir nicht.
Watte in den Ohren, Nase verstopft
und die Augen zu
spielen wir, du und ich,
das achtfüßige Insekt.

Komm.

Schattenriss

Ich lösche das Licht,
öffne die gelben Vorhänge,
entriegele das Fenster.
Mit den Schatten
der Antennen und Schornsteine
trittst auch du in das Zimmer,
bist um mich her
das Schweigen,
das Schlagen an meinen Schläfen,
die rasche Bewegung im Spiegel.
Du wohnst in allen Gegenständen,
du wohnst in allen Bewegungen,
in allen Geräuschen.
Ich stehe auf,
ich schließe das Fenster,
mein Schatten hat
die Umrisse deiner Gestalt.

Liebesgedicht

Die Gespräche legen wir auf den Tisch,
die Kleider hängen wir in den Schrank.
Mit den Daumen setzen wir Abdrücke,
du auf meine, ich auf deine Stirn.
Sie löschen die Falten.

Erinnerungen, wir stapeln sie in Fotoalben,
Verhaltensweisen bündeln wir
wie Wäsche in den Kommoden.
Mit den Lippen prüfen wir
unsere Körper, ich deinen, du meinen;
sie tilgen die Gänsehaut.

Müdigkeit, Erschöpfung, Schlaf,
wir packen sie in den Schuhschrank,
die Sorge, die Angst sortieren wir
in das Handschuhfach. Mit den Augen
suchen wir ihre Spuren unter der Haut
und kämmen sie aus.

Kein Widerwille mehr zwischen
Körper und Körper, Gedächtnis und
Gedächtnis. Bruchstücke, Fragmente,
wir bewahren sie sprachlos unter der Zunge.
Wir addieren Armbeugen und
schlagen Wurzel, ich in dir, du in mir.

Vegetarische Liebeserklärung

Signal meiner Schüchternheit,
der Bund Schneeglöckchen
vor die Veilchenfarbe
deiner Augen gehalten;
geheuchelte Unschuld,
meine Wünsche schmecken nach
Tollkirsch und Bilsenkraut,
nach Petersilie, Sellerie
und der vielhäutigen Zwiebel.

Ich hab einen Mistelzweig
in der Tasche,
ich halt ihn dir über den Kopf,
nun darf ich dich küssen.
Hast du die Zaunrübenwurzel
für meine Schuh?
Das vierblättrige Kleeblatt
brauchst du nicht,
um Glück bei mir zu haben,
du hast es auch so; auch
ohne Hopfenblüten unterm Kissen,
träum ich von dir.
Versuch's, wirf Apfelschalen
hinter dich, sie kringeln sich
unablässig nach mir.

Mundraub

Apfel,
reif,
gepflückt,
glänzend gerieben,
Apfel in der Hand,
mein Apfel,
dein Apfel,
Apfel Adams,
Apfel Evas,
Apfel des Baums, der Wiese,
der Pflücker im Dorf.
Einen für dich,
einen für mich.
Wenn es Nacht wird,
werden die Äpfel gezählt.

Herbst

Ungeduldig rauschen die Blätter,
als wollten sie fliegen,
wie die Zugvögel flogen.
Kirschbaumrot, birkengelb
und buchenbraun
mischen sie die Farben
der milderen Sonne
in ihren Flügeln.
Auch der Brückenbogen
ahmt über den Gleisen
die Bewegungen des Vogelzuges nach,
nach Süden, nach Süden.
Die Äpfel, die wir pflücken,
du und ich,
schmecken wie Birnen
süß und fruchtig.
Lass uns unsere Liebe
in einen Koffer packen
und Fensterplätze reservieren:
auch die Züge
zieht es südwärts.

Winterliebe

Auf der geflochtenen Fußmatte
streife ich Eiskrusten und Schnee
von den Schuhen.
Sohlenabdrücke auf dem Teppich:
Der Winter ist hinter mir her,
überm Zwerchfell hockt er,
mein Kuss schmeckt wie
kaltes, zerspringendes Glas.
Deine Augen beschlagen sich,
ihre Farbe unterm Reif,
ich weiß sie nicht mehr;
als es taut, sehe ich
statt deiner Augen nur dich.
Winterliebe.

Liebesgedicht auf Reisen

Regen fällt vergeblich,
wenn ich dir nicht sage,
es regnet;
die Nacht kann ausbleiben,
auch der Tag,
das Zimmer kann fensterlos sein.
Menschen, die vorübergehn,
benenne ich nicht,
wenn du die Namen nicht hörst.

Briefwechsel

Die getrocknete Blume
aus deinem Brief
steht rot in einer blauen Vase
und blüht wieder auf,
besprochen von Eigenschaftswörtern
wie deine Augenfarbe,
von Tätigkeitswörtern
wie dein Gang, deine Handbewegungen,
von Hauptwörtern
wie dein Haar.
Ich lese deinen Brief,
wie sie das Wasser trinkt,
das ich ihr gab;
die getrocknete Blume,
rot steht sie in einer blauen Vase
und dreht sich zum Licht.

Ich sehe nur dich

Spatzen auf den Dächern,
Tauben im Straßenverkehr,
lauernde, schmiegsame Katze:
Ich sehe nur dich, Frau.

Grashalminseln, der Rinnstein
und die Schiffe, segelndes Papier,
drüber, lässig im Wind, Zypressen:
Ich sehe nur dich, Frau an meiner Hand.

Fahrgeräusche der Autos,
Rot, Grün, Gelb, und über der Stadt
unheilschwangere Bäuche der Flugzeuge:
Ich sehe nur dich, Frau in meinen Armen.

Antennengehege und Schornsteinrauch,
am Horizont Hügel und regensaurer Wald
und Auf, Ab und Rot, Weiß, die Sonne:
Ich sehr nur dich, Frau, nackt
in meiner Wirklichkeit und meinen Träumen.

Menschen, zu Fotoalben vergilbt,
gestern, vorgestern und zwischen Fahnen,
Rotkäppchen, Tusnelda, Lorelei
und die dicke Bertha:
Ich sehr nur dich, Frau,
so wie du warst, so wie du bist,
ich sehe nur dich.

Nach der Verabschiedung der Gäste

Die Gäste sind weg,
die Gespräche verstummt,
Konsonanten flattern noch
in den Vorhängen.
Du öffnest das Fenster.
Auf Zehenspitzen
steigt die Nacht ein,
sie tilgt die Spuren im Raum,
mond- und wolkenstill.
Ich umarme dich,
wir räumen morgen auf,
die Stunde jetzt,
sie gehört uns,
meinen und deinen Händen,
meinem und deinem Mund.

Auch ein Liebesgedicht

Meine Jacke hängt
an deinem Kleiderhaken,
vor deinem Spiegel
liegen meine Zahnbürste und
mein Rasierapparat.
Täglich, als wäre es
selbstverständlich,
nenne ich dich mit
zärtlich verschlüsselten Namen,
die nur du verstehst.
Ich berühre deinen Körper,
als wäre ich er,
mein zweiter Kopf,
meine dritte und vierte Hand.
An deinem Bett
liegt das Buch,
das ich lesen werde,
im Zimmer nebenan
schlafen die Kinder.
Ich bin an dich gewöhnt,
ich brauche dich,
ich liebe dich.
Meine Jacke hängt
an deinem Kleiderhaken.

Schreib ein Gedicht

Schreib ein Gedicht, sagst du;
was für ein Gedicht?, frage ich dich,
eines über das Grün der Tapeten,
eines über den Stuhl,
auf dem du sitzt, oder eines über
die Durchsichtigkeit
der Fensterscheiben?
Soll ich den Tag beschreiben
zwischen Morgendämmerung
und Mitternacht,
den Geruch der Seife am Morgen,
den Geschmack des Rotweins am Abend,
das Gefühl, das ich beim Streicheln
der schwarzen Katze hatte,
soll ich protokollieren, was ich dachte,
die einfachen Gedanken, die komplizierten,
oder schreibe ich ein Gedicht über
den Satz, der mich aufforderte, es zu tun?
Was meinst du dazu?
Du hast es nur so gesagt, um etwas
zu sagen, aus Langeweile und
weil dir nichts anderes einfiel.
Dann kann ich es ja sein lassen
und wieder fernsehen, John Wayne
schießt gerade so schön aus der Hüfte.

Lichterloh

Augen geworfen,
Kopf verdreht,
Herz verschenkt.
Feuer bis über die Ohren,
Liebeswahnsinn zu Kopf
gestiegen, Sinne verwirrt.
Lichterloh brennend
fliege ich durch sieben
Himmel und schwöre dir,
was du verlangst,
auch ewige Treue.

Liebe ohne Umwege

Ich fahre dir mit meinen Augen
über den Mund und
bin der Ohrwurm in deinem Gehör.
Ich binde dir
meine Liebe auf die Nase und
lege dir mein Herz auf die Zunge.
Ich springe über den Schatten
für dich und hole dir
das Blaue vom Himmel.
Was zögerst du noch, mir
mit der Tür ins Haus zu fallen?

Abendliebe

Taubengraues Gefieder
Dämmerung,
Licht, gelöscht,
flüstert noch in Laubgewölben.
Ruhiger Schwung der Abendberge,
Mauersegler schleifen
an ihnen die Flügel.
Konturen der Türme,
Schatten und Schweigen.
Deine Augen spiegeln
Himmelsröte wie Ebbe und Flut.
Dein Herz pocht
in meiner Hand.
Wir verbergen unsere Liebe,
umhüllt von der Nacht.

Verhextes Liebespaar

Ich bin der Efeu
auf deinen Brüsten,
du bist die Eisblume
zwischen meinen Rippen.
Wir tanzen Blocksbergkreise
um Hexenblume und Knoblauch
und küssen uns mit
Löwenmaul und Löwenzahn.
Die Jelängerjelieber-Blüten
blühen uns vom Abenddämmern
bis zum Morgengrauen,
dann sinken wir erschöpft
in Traumwelten,
Walpurgisnacht und
Regenbogenland.
Wenn wir erwachen,
bin ich wieder der Efeu
auf deinen Brüsten
und du die Eisblume
zwischen meinen Rippen.

Spiegelbild

Frühling und Herbst,
Berg und Meer,
Lachen und Weinen,
Geburt und Tod;
ich schenke dir
mein Schweigen,
die Zärtlichkeit meiner Hände
und meine Augen als
Spiegel für dein Gesicht:
Sieh sie an und
kämme dein Haar.

Löwenkopf und Sommerliebe

Die kalkweiße Mauer,
das dunkelgrüne Rosenspalier,
Blüten verblättern krapplackrot.
Die Löwenmaske aus grauem Stein
weitet die Nüstern für den Sterbeduft,
ihre Augenwölbungen spiegeln
Sichelflüge der Mauersegler,
Kondensstreifen schneidend
im Sommerblau. Wir
reden hitzematt von Liebe in
druckfrischen Romanen und
trinken kühlgeharzten Wein.

Herbstliebe

Windschwestern, gelbe, rote,
über Haare und Schultern
zu der welken Rose, die
ich zwischen Buchseiten fand.
Aus Hagebutten gekelterter Wein.
Ich tanze Hacke, Spitze, Herbstballett,
jongliere Äpfel, blank gerieben,
und die Fröhlichkeit der Kinder;
Vorräte zum Überwintern.
Die Rose, ich werfe sie hoch,
verwehte Windschwester
für Ahorn- und Kastanienblatt.
Sie schmücken dir Schultern und Haar.
Meine Hände in deinen Taschen,
Herbstliebe. Der Springbrunnen
verlangsamt die Kaskade.

Liebesschwüre

Rose weiß, Rose rot,
Rose Blut, Rose Schnee,
sie welken ins Gras.
Hagebutten runden
rot lackierte Bäuche;
Vögel werden sie fressen.
Welke Blüten
säuft der Regen.
Überwintern werden
spitze Dornen,
Hoffnung auf neue Rosen
und Liebesschwüre.

Winterabschied

Abschied von dir zu mir,
jäh enden Frühling, Sommer, Herbst;
sechsfüßiges Insekt, die Winterspinne,
verschnürt mein Herz. Ich liege,
Moos in den Ohren, Frost auf den Lippen,
Augen schneeblind, und warte
auf Auferstehung mit dir.

Schornsteine frieren im Eishimmel.
Auch ich friere. Komm zurück und
decke mich mit deiner Körperwärme zu,
bevor die Eintagsfliegen
das bleichsüchtige Jahr
endgültig zur Strecke bringen.

Sentimentale Geschenke

Eine Handvoll Regen,
eine Handvoll Schatten,
für Tränen, gegen Licht.
Liegesitze in
die Dämmerung des Herbsttages.
Einen Spruch wie
Caspar, Melchior, Balthasar:
Frieden, Gesundheit, Menschlichkeit.
Unterm Tisch
Lösung der Rechenaufgaben
für die Kinder
auf vier Wochen im voraus.
Ein Ahornblatt
klebe ich auf deine Stirn,
einen Riegel
lege ich vor die Tür
eine Stunde;
sie benennt den Tag, das Jahr.

Geburtstagsgaben

Ich schenke dir
Chagalls schwebenden Geiger
und Picassos flötenden Faun,
ich schenke dir auch
den Mann im Mond;
ich bin nicht eifersüchtig auf sie.
Der Hahn, der drei Mal kräht,
die Mütze von Laurins Kopf und
die Flügel des Schneiders von Ulm
sind für uns beide.
Wir legen sie an, auf und um
und fliegen davon.

Unsterblichkeiten

Küsse beißen Landschaften wund,
Armbeugen addieren sich,
Wald liebt Wiese
und Wiese liebt Wald.
Mit blauer Tinte
schreibe ich es
auf deinen Leib,
nimm dein Herz von der Zunge,
schenke es mir als Gegengabe für meines:
Statt lebendigen Leibes zu sterben,
wollen wir uns lieben,
wie Sommerlandschaften es tun
und Herbsttage, bevor
ihnen das Herz bricht.
Unsterblichkeiten, die porös machen,
dich für mich und mich für dich.
Armbeugen addieren sich,
Wald liebt Wiese
und Wiese liebt Wald,
hügelauf und hügelab.

Innensichten

Die Gläser der Brille
kehren den Fokus um
und drehen Kaleidoskope
hinter die Augenhöhlen.
Farbblitze im Gehirn
breitwand bis zur Schädeldecke.
In regenbogenbunten Prismen
entziffere ich die Augen des Kindes,
dessen Träume ich vergessen habe,
weil Ängste stärker waren.
Und Tanzfiguren, die wie Küsse
schmecken, von denen ich die
Namen der Lippen nicht mehr weiß.

Als ich die Augen öffne und
die Brille abnehme,
stehst du vor mir, ohne
dass ich dein Kommen gehört habe,
und trägst Ort, Zeit und Namen
zu mir zurück. In deinen Haaren
tanzen Wörter, deren
Verführungen sterben,
wenn wir sie aussprechen.

WeinLiebe

Zwischen zwei Gläsern Wein
weiß der Mond. Auch doppelt
in die Gläser zum Riesling gelegt,
in dein Glas, in mein Glas
und immer noch oben
im wolkensentimentalen Himmel.
Auch Küsse da und dort,
die die Monde erzittern lassen.
Und Münder, die sie trinken
süchtig zwischen zwei Gläsern Wein,
Spätlese trocken und Zungen feucht
von Restsäuren und Liebe.
Die hellichten Neigen
deuten Wege ins Haus
zu dunkler Körperlust.
Draußen in zwei Gläsern und
himmeloben noch immer als Voyeur
der Mond weiß wie deine Haut.

Vollkommener Abschied

Augen werden dich nicht mehr sehen,
Ohren nicht hören,
Mund nicht schmecken.
Keine Düfte, kein Fühlen,
Schlaf ohne Wiederkehr,
schmerzfrei, lustfrei, traumlos.
Auf dem Tisch Lippenspuren
rot am Rand des Glases.

Warteräume

Ob du zurückkehrst?,
im Hotelfoyer wartend frage ich
wie in vergangenen Jahrzehnten
in nach Innen führenden Räumen.
Von draußen klingen die
Schreie der Mauersegler und
der melancholische Gesang einer
Volkslieder singenden Frauenstimme,
liturgisch wiederholt, als
kämen sie von einer Schallplatte.
Spiegel werfen das
wartende Gesicht dutzendfach
gegen den Kronleuchter
aus imitiertem Metall.
Aber was ist echt hier,
der Plüsch der Sessel, die
Rosenteppiche aus billiger Seide,
meine nie ausgesprochenen Ängste?
Du wirst sie aus meinen Augen tilgen,
wenn du zurückkehrst zu mir,
im Hotelfoyer wartend
wie in vergangenen Jahrzehnten
in nach Innen führenden Räumen.

Rückkehr zu dir

Diese Abwesenheiten,
die körperlichen und die im Kopf,
Probestücke des Sterbenkönnens,
gedankenlos, auch
vage erfahrene Einsamkeiten.
Das Wiederfinden des Ichs
kopfschüttelnd
zur Kenntnis genommen.
Tod und Wiedergeburt, rätselhaft
das eine wie das andere.
Nur das Festhalten am Du
löst Beklemmungen auf.
Diese Abwesenheiten,
die körperlichen und die im Kopf,
Fluchtwege:
Lass dich umarmen.

Rührung

Deine Worte,
zu mir gesprochen,
ziehen Nägel aus meinem Herz,
die es festschmiedeten
in irdische Eiszeit.

Wenn du an Rosen glaubst,
sagtest du,
wirst du sie zum Blühen bringen.

Seitdem sehe ich, wie
der Himmel sich im Wasser spiegelt,
seitdem schreibe ich
auch das Schweigen auf
und lasse meine Träume
drachensteigen im Wind.

Blues

Ich werde nicht die
Schlacht von Jericho schlagen,
nicht mehr, auch als
Heiliger werde ich nicht mehr
einmarschieren in einer Erde, die
nun wirklich kein Gloryland ist.
Ich weiß also, woran ich leide.
Erinnerung und Vergessen, ein Spiel
wie zwischen Himmel und Hölle.
Ich spiel es mit dir, weil du es bist,
die ich noch lieben kann, ekstatisch
und mich selbst und Welt vergessend;
ein Lied, wie ich es singen kann
den Flussufern unten und
oben den Bergen. Aber auch
wenn du bei mir schön bist,
die Schlacht von Jericho
werde ich nicht mehr schlagen,
auch nicht mit dir.

Liebe wie von Gestern

Melancholien des Nebels
in den Trauerweiden,
Stille des Mondbildes
im Kreiseln des Bachwassers,
Frostkristalle eines Wintertages
und die Blütenwärme
des ersten Frühlingstages,
dies alles bist du,
du Frühling, Herbst,
du Berg und Meer,
du Lachen und Weinen,
du Geburt und Tod.
Unsere Liebe ist leicht
wie der Flug der Möwen
und erdschwer wie das Spiel
zweier Schlangenleiber im Moos.
Bist du das Licht,
bin ich das Dunkel,
bist du das Brot,
bin ich der Wein.
Liebe wie von Gestern.

Gedächtnisliebe

Die Haare, die Hände, der Körper
mir näher als ich mir selbst,
auch wenn du nicht da bist.
Ich kann dich aus
dem Gedächtnis zusammensetzen.

Die Augen, nicht nur
Pupille, Iris, Lid, auch
Vogelmonde und Rauhreifsonnen.
Der Mund, nicht nur
Lippenröte und gesprochene Laute,
auch Mohnblume und Apfelblüte.

Du entkommst mir nicht.

Für Gabriella

Du liebst mich, ich liebe dich,
in die Jahre gekommene Sätze.
Die Hochs und Tiefs
der Frühlingsstürme und
Sommergewitter sind verweht.
Und doch: Herz und Hirn finden,
auf die Suche gehend, das
scheinbar Verlorengegangene
in der Angst, wenn Du
später kommst, als es verabredet war,
in der Sorge, wenn ich dir
Kümmernisse ansehe und
in meinen versteckten Tränen,
wenn du weinst. Auch
Herbstlaub und Winterschnee
flüstern es in die Himmelsluft
über dem Haus, in dem wir wohnen:
Ich liebe dich, du liebst mich.

Telefonkälte

Den Hörer hielt ich
in beiden Händen,
deine Stimme fror so
und meine Worte
waren zu schwach,
sie zu wärmen.
Waren es nordische Tiefs
oder Herzhautfröste?
Ich versuchte es
zu erfahren, ohne
dich umarmen zu können.
Deine Stimme fror so.

Ich versprach dir
einen Rückruf, um dir
meine Wortzärtlichkeiten
zu schenken und
meine Atemliebe als Hauch
in deine Kälte.
Deine Stimme fror so.

Rose

Vokale in den Wind geflüstert,
Rose, Blüte und Dorn,
rot entflammt.
Blutfarben auch
der Duft der Blätter.
Nun ist er winterzu
schwarz verdorrt.

Klagelieder

Wer sich nach dem Tod eines geliebten Menschen
trösten lässt, verdrängt die unerbittliche Sinnlosigkeit
des Totseins

Jäher Tod

Ich trinke die Wasserflasche leer
und spüre deine Lippen.
Ich streiche über die Mulde,
die dein Kopf im Kissen
hinterlassen hat, und
fühle dein Haar.

Ich klage nicht:
Warum hast du mich verlassen?
Der Tod kam als Erlöser.
Stattdessen
altere ich vor mich hin und
warte, dass er auch zu mir kommt.

Bestattungsfeier

Trostworte nehmen den Echoklang
der Trauerhalle in ihre Vokale.
Er lässt sich nicht abschütteln, so
wie sich auch Trauerworte nicht
aus dem Brustkorb verdrängen lassen.
Der Atem nimmt den herben Geruch
der Kränze auf, Augen flackern
im Rhythmus der Kandelaber
und Zungen werden taub vom
Geschmack des Weihrauchs.
Es hilft nicht, den Atem an-
zuhalten, Augen zu schließen,
Trost mündet in Trauerschmerz.

Familiengrab

Granit, schwarz und grau poliert,
Buchstaben setzen sich zusammen
zu dem Namen, der auch meiner ist.

Wenn ich die Augen schließe:
ein Lächeln, eine Geste, erinnerte Paradiese
als Trost in meine Sterblichkeit gepflanzt.
Und windflackernde Grablichtflammen.

Zypressenhoch die Amsel, sie jubiliert.

Mein Element

Feuer auf den Bildern des Vaters,
Trommelfeuer in Flandern.
Feuer vernarbte mir den Arm
und tilgte die Augenbrauen;
Feuer fraß die Stadt und
meine Spielgefährten,
Krieg war.

Feuer verwandelte deinen Leib
und wird auch meinen
in Asche verwandeln.
Feuergeburt. Feuertod.
Feuer von der Wiege
bis zur Bahre, der
Spruch wird Wahrheit
wie das Schicksal.
Feuer unlöschbar.

Innen und außen

In mir
tausend Bilder,
dein Gang, deine Gesten und
dein Lachen.
In mir
tausend Töne,
deine Stimme, deine Worte,
zärtlicher Klang.
In mir
tausend Berührungen,
deine Hände, dein Mund und
deine Umarmungen.

Außen
ein Schriftzug auf dem Grabstein
und Blumen, die ich pflanzte
als Gruß vom Hier
in ein Nichtmehrsein.

Liebe posthum

Ich schreibe ein Gedicht
bis an den Rand gefüllt
mit Liebe.
Warum soll ich es nicht tun?
Weil du es
nicht mehr lesen kannst?
Liebesgedichte sind schneller
als Lichtgeschwindigkeiten,
sie erreichen ferne Galaxien,
auch die noch nicht entdeckten
der Wiedergeburt.
Ich schreibe ein Gedicht
bis an den Rand gefüllt
mit Liebe.

Steine für dein Grab

Tränen des Waldkauzes, weil
seine Prophezeiung eintraf und
der Tod Zugang in das Haus fand;
ich entdeckte sie später, als
meine Tränen ausgetrocknet waren,
kristalline Tropfen geronnen und
leuchtend im Licht des Vollmonds
auf der Türschwelle. Ich
trug sie zum Grab und legte sie
auf deinen in Granit
gemeißelten Namen.
Als wäre Auferstehung,
spiegelten sie mein Erinnern
an deine menschliche Gestalt.

Du warst

Du warst
Sonne, Wind und Regen,
warst Licht und kühler Schatten.
Als dies mit dir
Unsterblichkeit verlor,
löste ich mich auf in Nachtschwärze
und verstummte.
Sonnentage wurden Trugbilder,
Dunkelheiten reihten sich endlos.
Du warst.

Reimlos

Mein Herz nahmst du mit
als Wegzehrung auf
die Reise ohne Wiederkehr.
Wolltest du ihm
Schmerzen ersparen,
auf die sich nichts mehr reimt,
weil es jenseits des Bewusstseins
keine Reime gibt?

Was liebt in mir trotzdem
so verzehrend und ruhelos
und dauerhafter als der Tod?
Wenn du es weißt,
dann flüstere es
nur für mich hörbar
in meine sehnsüchtigen Träume.

Dafür sollst du mein Herz behalten.

Spurlos

Der Sand steht in den Uhren.
Ich habe mir die Augen
blind geweint zur Nacht.
Als ich eine Kerze entzündete,
warfen Schatten Licht gegen
die Wände. Ich klopfte sie ab,
keine Spur führte zu dir.

Durch meine Ungeduld wird
Stille zu Verstummtsein.
Taubenblau öffnet Morgen-
dämmerung ihr Gefieder.

Stille

Deine Zeit ist
die Zeit der Stille,
beginnend mit der Dämmerung,
wenn auch ich
zur Ruhe komme und
der Tag von den Schultern fällt,
dann spüre ich
deinen Atem
über meine Augen wehen,
als stündest du vor mir.

Erst in der Nacht
nisten Albträume und
Wirklichkeit wieder
zwischen Schlaf und Wachsein.
Sie dauern an,
bis du in der Dämmerung
zurückkehrst zu mir.

Allmähliches Verschwinden

Zaghaft beginnen
Laternen zu leuchten.
Aus Hinterhöfen
kriecht Dunkelheit.
Jenseits des Lichts wird
Welt nicht mehr sein.
Auch ich löse mich auf
in allmähliches Verschwinden.
Es ergreift mich ein
beruhigendes Gefühl,
nicht mehr zu sein,
und versöhnt mich
mit den Klagegedanken,
die im Morgengrauen
über mich herfallen werden.

Tausend Tode

Schlaf sei ein Bruder
des Todes, sagt man.
So starben wir tausend Tode
und Auferstehungen
in Traumwelten.
Doch wenn wir erwachten,
fanden sich unsere Hände bereit
zu unbeschwerten Zärtlichkeiten.

Der Tod, stiefbrüderlich,
traumlos, gefühllos,
schlug nur einmal zu.

Ich erwache vergeblich,
wenn ich die Hände ausstrecke,
greife ich ins Leere und friere.

Nächtliches Erinnern

So wie ich, wenn ich
die Augen schließe,
die Nachtigallen im
Park meiner Kindheit und
der ersten Liebe höre,
obwohl sie aufgehört
haben zu sein, bist auch
du um mich her in
der Nachtstille, wenn die
Stadt zur Ruhe kommt.
Du bleibst bis zum Morgen-
grauen. Tagsüber
hoffe ich auf die nächste Nacht.

Komm

Komm mit in den
geliebten Garten.
Er blüht in
seinen schönsten Farben,
haargelb, augenblau,
lippenrot.
Wo immer du bist,
komm und schau.
Ich öffne schon die Arme.

Jahreszeiten zählen

Zartes Blütenweiß,
Kirsche, Apfel, Quitte,
die Früchte werden im Herbst
die Äste beschweren.

Frühling, seine Farben,
gelb, blau, rot in
frisches Grün getupft,
machen mir graue Haare.

Wieder ein Jahr vorüber,
ohne dass du mit mir
die Jahreszeiten zählst.
Sommersonne wird
nur die Haut wärmen.

Ich bereite mich darauf vor,
ins Exil zu gehen hinter
Rollläden und Vorhängen
und zu warten auf
den nächsten Winter.

Vorm Haus im Garten
zartes Blütenweiß,
Kirsche, Apfel, Quitte.

Trauerweide

Die Trauer in den
hängenden Haaren
der Weide am Teich,
gestern noch schwarz
und kahlästig,
hat sich verändert.
Die Tränen sind gelb
geworden und spiegeln
sich im Wasser zur Freude
der Enten und Rallen.
Ich zögere, ob ich
die Augen schließen soll,
aber der Himmel ist
aufdringlich frühlingsblau.

Sprachlos

Die Unerbittlichkeit deines Todes
verschlägt mir die Stimme und
lässt mich frösteln, obwohl
der Kalender Sommer zeigt.
Die Trauerworte sind mir ausgegangen,
ich kann Tränen nicht benennen und
streiche Krähen und Zypressen aus den
Texten, bevor sie verstummen.

Zeitverlust

Kastanienbäume werfen wieder
den Glanz ihrer Früchte
vor die Füße, als wären
Herbsttage immerwährend.
Vergangenheit existiert nicht,
das Erlittene bleibt gegenwärtig.
Nur Trauerwege belegen,
dass Verlust nicht heute geschah.

Das letzte Blatt

Am Kirschbaum
ein letztes Blatt
zittert im Winterwind.
Am Fenster stehend
glaube ich,
solange es nicht fällt,
an Unvergänglichkeit,
zeitlos, endlos, von Dauer.

Im Garten blüht dort, wo
es hinfallen wird, dezember-
trotzig die Zaubernuss.
Trauer bleibt,
beim Anblick der Blüten
wird sie zärtlicher.

Wintergang

Fuchsspuren, beutelos einsam,
zeigen mir den Weg im
frisch gefallenen Schnee;
unsere Fußstapfen verbrüdern sich.
Schnee auch auf dem Grab,
der Stein hat den Namen
weiße Mützen aufgesetzt.
Meine Trauergabe: Christrosen,
die die Kälte lieben.
Rosen würden erfrieren wie
die Unvergänglichkeit der Zeit.

Nachtfrost

Nachtfrost
glättet die Straßen, er füllt
die Schlaglöcher mit Eis.
Nachtfrost betäubt
Gehirn und Herz,
Denken und Fühlen
bis in die Fingerspitzen.
Nachtfrost erstickt
vorwitzige Krokusse und
verzögert den Frühling.

Warum rufe ich ihn mit Namen
und verbrüdere mich mit ihm?
Nachtfrost.

Unwiderrufbar

Warum soll ich von Liebe reden,
wenn du es nicht hörst?
Warum soll ich ohne dich
in den Park gehen, dort
fallen amselschwarze Blätter
auf mein Herz
und stechen es wund.
Warum soll ich
Wolken unter die Röcke sehen,
lieber jongliere ich
Eistau auf den Wimpern
und weine die Augen blind.

Seifenblasen der Kinder
platzen traumlos. Die Elstern
beschreien schwarz auf weiß,
dass ich recht habe: Das
Unabänderliche kennt
keine zweite Instanz,
es ist unwiderrufbar. Nur
Hoffnung währt scheinbar ewig.

Ein Jahr danach

Ich raufe mir nicht mehr die Haare,
reiße sie nicht aus,
ich weine nicht mehr,
die Tränenkrüge sind randvoll.
Ich geißele auch nicht
meinen vereinsamten Leib.
Herzklopfen, Kopfgefühle.
Trauer geschieht nur noch
in Vokalen als Regen,
der von innen fällt.

Unbekannt verzogen

Immer noch finde ich
im Briefkasten
Post mit deinem Namen.
Ich stehe verwirrt
im Treppenhaus und
weiß nicht, was ich tun soll.
Du hättest nicht gewollt, dass
ich an dich gerichtete Briefe öffne.
Zurücksenden mit dem Vermerk
"Empfänger unbekannt verzogen"
wäre sinnlos wie
ein Nachsendeantrag,
ich weiß nicht, wo du bist,
und weiß nicht,
wer ich bin ohne dich.
Der Computer will
ebenfalls keine Botschaften
versenden, Absender und Empfänger
sind abhanden gekommen
wie ihre anscheinend
speicherbare Dauer.
Unsterblichkeit ein Trugbild,
Gegenstände und Worte
sind nicht mehr zuverlässig,
nur die Ohnmacht angesichts
des Todes ist wirklich.

Orpheus

Mit den Göttern Griechenlands
hat Hades sich aufgelöst,
Unterweltflüsse
sind ausgetrocknet.
Wenn es anders wäre, würde ich
Kithara spielen lernen und,
Höllenhunde nicht fürchtend,
hinter den schwarzen Pappeln
den Styx überqueren, um
dich zurückzuholen. Doch

auch ich würde mich umdrehen,
wenn du es von mir verlangst.
Danach stürzte ich mich
in den Fluss Lethe.

Ferienhaus

Bäume stehen an ihrem Platz.
Erde riecht wie immer
an heißen Nachmittagen.
Auch die Unruhe der Libellen
über dem Seerosentümpel
wiederholt sich.
Im Haselstrauch lodert
das Fell des Eichhorns und
nimmt das Abendrot vorweg.

Ich sitze wie gewohnt auf der
Terrassenbank und warte,
dass die Nacht ihr schwarzes Tuch
um den Mond schlägt.

Erinnerung ohne
Wechsel der Kulisse.
Mein Herzschlag ist
atemloser. Meine Hände
suchen dich und
greifen ins Leere
und begreifen es nicht.
Vom Tal aufsteigender Wind
ist kühler als sonst; ich friere.

Fußspuren

Holzstöße lagern immer noch
am Wegrand, grau und trist,
als erinnerten sie sich,
wie oft wir vorüberkamen
Hand in Hand. Einsam und
gesenkten Hauptes gehe ich
Wege mit unseren Fußspuren
im fröschefeuchten Boden;
ich gehe behutsam, um
sie nicht zu zertreten.
Kleeblüten wollen mir
Glauben an Glück vorgaukeln.
Brombeerranken haken sich ein
und fordern mich auf,
stehen zu bleiben und zu beten.

Anlegestelle Budapest

Krähen fliegen schreiend
gegen den Strom des Flusses
ins Abendrot.
Sanftes Wiegen steigt
vom Wasserspiegel auf und
nimmt meinen Körper in Besitz;
auch der zittrige Schlag des Herzens
verlangsamt sich und wird
von vor Schmerz Wundsein
zu zeitlosem Gedenken.

Mitten im Fluss die Insel.
Wir umarmten uns dort und
sahen das lautlose Gleiten der Boote;
Wellen schwappten leise
gegen Ufersteine.
Lichterketten der Brücken
spiegelten sich in der
Dauer der Küsse, die wir
wie Steine übers Wasser warfen.
Verlust war ein Fremdwort.

Einsam am Kabinenfenster
des Kreuzfahrtschiffes
umfängt mich die Chronik
unserer Liebe mit Trauer.
Krähen fliegen schreiend
gegen den Strom des Flusses
ins verlöschende Abendrot.

Kathedrale Reims

Missa en douleur et tristesse;
zu den Fensterrosen
steigen weinende Klänge
und waschen sie rein.
Blau und rot blüht es
ins schlingernde Schiff.
Auch die Kerze in meiner Hand
zittert im Gedenken an
die verstorbene Geliebte.
Der Engel am Portal
lacht immer noch, als sei sie
mit ihm im Paradies; Choräle
flüstern es ins Chorgewölbe.

Seineufer

Hier, wo der Fluss
sanft das Ufer streift,
weht ein zur Ruhe Kommen,
das auch Kirchtürme
nicht zu stören vermögen;
sie ziehen sich zurück in
das Blau ihrer Glasfenster.
Im Pflaster Fußspuren
vergangener Besuche,
auch verschütteter Rotwein.
Die verlorenen Geliebten
steigen zur Nacht aus
den Wellen und kämmen
ihr Haar in das Lichtflimmern
auf dem fließenden Wasser.
Erst im Morgenwind
verebben unsere Stimmen
und wir verzehren uns erneut
in unstillbarer Sehnsucht.

Als wir uns verabschiedeten,
trieben welke Blätter
flußabwärts.

Spurensuche

Nebel vom Atlantik gegen
die Steilküste von Moher.
Nichts stört mein Erinnern.
Ich höre Schritte, Jahre vor meinen
in die Grasnarbe gezeichnet,
ich sehe dein wehendes Haar
im Sturm den Nebel lichten.
Wer die Klippen hinunterspränge,
wohin führte der Sturz? Es
nicht wissend, widerstehe ich
der Versuchung und stemme mich
gegen tückisch raunenden Wind.
Aus dem Nebel tauchen
Inseln wie Utopien auf,
das Meer färbt sich blauer.
Boote liegen in der Bucht.
Zögernd und langsam gehe ich
zu ihnen den Hügel hinab.

Souvenir

Muschelgehäuse,
Reisesouvenir aus
jahrevergangener Zeit;
ich halte es an mein
linkes Ohr und
höre Auferstehungen,
den Wellenschlag des Meeres
an der Küste von Aegina Marina,
Schritte im Sand, Dein Atmen,
Seelenwanderungen.
Als ich die Muschel zu
dem Foto mit Trauerrand lege,
träume ich ohne Gewähr:
Wiedergeburt.

Gebinde zum Jahrestag

Zum Jahrestag deines Todes
binde ich dir einen Kranz.
Sternbilder und Vollmond
flechte ich in den Duft
von Wildkräutern und
in die Töne von Vivaldis
Gitarrenkonzerten.
Den Geschmack von
Regentropfen in rotem Wein
füge ich hinzu und
auch ein Lächeln von dir
fand ich in alten Briefen.
Die Saiten deiner Geige
halten die Schleifen
mit den Namen der Kinder
und der Kindeskinder.

Trauerakkorde wie Tränen
und Einsamsein behalte ich zurück
und verberge sie in Schubladen
mit vergilbter Beileidspost und
getrockneten Passionsblumen.

Berauscht

Als ich mein Elend
in Wein ertränken wollte,
wuchsen Rosen aus den Wänden
und drohten, mich in den Umarmungen
ihres Duftes zu ersticken.
Die Dornen verhakten sich
im Lampenlicht und warfen
ihre Ranken wie Lassos nach mir.
Ich versuchte nach Hilfe zu schreien,
aber kein Ton kam aus meiner Kehle.
Vor Angst schloss ich die Augen;
nun drehten sich Zimmertornados,
bis du durch die Wände
kamst und sie wegwischtest.
Ich öffnete die Augen: Du
verschwandest mit einem Lächeln.
Erschöpft schlief ich ein, als ich
erwachte, stand Morgenlicht
im Zimmer. Ich fröstelte
in seiner kühlen Eintönigkeit.

Sommerende

Blätterfall lautlos,
windstiller Tag.
Spinnfäden zittern
und streuen Silber
auf die Terrasse.
Die Stille besänftigt
das unstete Herz.
Trauer wird Melancholie.
Auch Vergänglichkeit
hält inne und atmet
den Geruch faulender
Falläpfel.

Abschied

Auf Wiedersehen, ein
Allerweltswort;
ich sage es trotzdem.
Warte auf mich, wo
immer du sein wirst,
auch in fernen Welten.
Unendliche Wiederholungen
könnten es möglich machen.
Aber auch Abschiede
würden sich wiederholen.

Der Autor

Fritz Deppert, geboren 1932, lebt in Darmstadt, promovierte über die Dramen Ernst Barlachs; zahlreiche Buchveröffentlichungen, Lyrik, Romane, Essays, Aphorismen; Gründungsrektor der Bertolt-Brecht-Schule in Darmstadt, PEN-Mitglied, Ehrenpräsident der KOGGE, bis 2017 Lektor des Literarischen März und Mitherausgeber der Buchreihe „Lyrik unserer Zeit"; Johann-Heinrich-Merck-Ehrung, Goetheplakette des Landes Hessen.

Foto: Godehard Lehwark

Dieses Buch enthält im ersten Teil eine Auswahl von Liebesgedichten aus den gemeinsamen Jahren von 1965 bis 2016. Einige von ihnen sind in verschiedenen Lyrikbänden oder Anthologien veröffentlicht, zum Beispiel in dem 1987 erschienenen und schon lange vergriffenen Band „Mit Haut und Haar" (Calatrapress) oder in „Gegengewichte" (1992), „Regenbögen zum Hausgebrauch" (2003), „Das Schweigen der Blätter" (2013) aus Neues Literaturkontor. Im zweiten Teil stehen die Trauer-Gedichte, die nach dem Erscheinen des Buches „Klagelied winterzu" (2017) geschrieben wurden.

Fritz Deppert, **Klagelied winterzu**
ISBN 978-3-943292-57-2, chiliverlag 2017
84 Seiten, EURO 8,90

Fritz Depperts Texte sind Spiegel des Vergänglichen im Warten auf den Wandel der Jahreszeiten – persönliches Abschiednehmen und melancholisches Eintauchen in „traumsüchtigen Winterschlaf" als Hinweis darauf, dass sich dem Kreislauf der Natur niemand entziehen kann.

Klagelied

Nun sind die Blumen verwelkt,
die sie Dir aufs Grab gelegt haben.
Meine Tränen sind nicht getrocknet.
Unsere Liebe sagt mir, warum ich leide.
Aus in den Himmel fackelnden Zypressen
werfen Krähen mir Trauerfedern zu.

Inhalt

Mit Haut und Haar 9

Mit Haut und Haar 11
Nimm mich mit 12
Ausquartierung 13
Nachtinventar 14
Neue Jungfernschaft 15
Verrücktsein 16
Rendezvous auf einer Parkbank 17
Schattenriss 18
Liebesgedicht 19
Vegetarische Liebeserklärung 20
Mundraub 21
Herbst 22
Winterliebe 23
Liebesgedicht auf Reisen 24
Briefwechsel 25
Ich sehe nur Dich 26
Nach der Verabschiedung der Gäste 27
Auch ein Liebesgedicht 28
Schreib ein Gedicht 29
Lichterloh 30
Liebe ohne Umwege 31
Abendliebe 32
Verhextes Liebespaar 33
Spiegelbild 34
Löwenkopf und Sommerliebe 35
Herbstliebe 36
Liebesschwüre 37
Winterabschied 38

Sentimentale Geschenke 39
Geburtstagsgaben 40
Unsterblichkeiten 41
Innensichten 42
WeinLiebe 43
Vollkommener Abschied 44
Warteräume 45
Rückkehr zu dir 46
Rührung 47
Blues 48
Liebe wie von Gestern 49
Gedächtnisliebe 50
Für Gabriella 51
Telefonkälte 52
Rose 53

Klagelieder 55

Jäher Tod 57
Bestattungsfeier 58
Familiengrab 59
Mein Element 60
Innen und außen 61
Liebe posthum 62
Steine für dein Grab 63
Du warst 64
Reimlos 65
Spurlos 66
Stille 67
Allmähliches Verschwinden 68
Tausend Tode 69
Nächtliches Erinnern 70
Komm 71

Jahreszeiten zählen 72
Trauerweide 73
Sprachlos 74
Zeitverlust 75
Das letzte Blatt 76
Wintergang 77
Nachtfrost 78
Unwiderrufbar 79
Ein Jahr danach 80
Unbekannt verzogen 81
Orpheus 82
Ferienhaus 83
Fußspuren 84
Anlegestelle Budapest 85
Kathedrale Reims 86
Seineufer 87
Spurensuche 88
Souvenir 89
Gebinde zum Jahrestag 90
Berauscht 91
Sommerende 92
Abschied 93

Der Autor 94
Zum Inhalt 94

Lyrik im chiliverlag (Auswahl):

Glasaugenstern, 101 Gedichte von Alex Dreppec

Fassadenflucht, Politische Dichtung der Gegenwart II

Herzschlaf, Gedichte und Kurzprosa über Trauer, Trost und Hoffnung

Stimmwirbel – Gedichte, Michel Ackermann

Abschreibungen, Lyrisches und Satirisches von Stefan Krückmann

wir wölfe – Gedichte, Eine poetische Hommage an unsere Tierwelt

Pappalappa Mirzapan, Gedichte für besondere Kinder

Tanze mit Raketenschuhen – Dance with Rocket Shoes, Wissenschaftsgedichte – Science Slam Poetry, Alex Dreppec

die aus der kälte kommen – Porträtgedichte, Jutta Pillat

Klagelied winterzu – Gedichte, Fritz Deppert

Im Traum der dich nicht schlafen lässt, Thomas Rackwitz

Saisonlyrik, Jürgen Zimmermann

federleicht – feather-light, 111 Haiku und Senryu, Pitt Büerken

Am Meeressaum, Jutta Gornik

Jenseits von Abwesenheit, Horst Leiwig

1. Auflage Februar 2019

franchili / 71

Gestaltung, Layout, Lektorat: chiliverlag

Autorenfoto S. 94: Fritz Deppert

Detaillierte bibliographische Daten sind unter http://dnb.ddb.de bei der Deutschen Nationalbibliographie abrufbar.

Printed in Germany

ISBN 978-3-943292-73-2

www.chiliverlag.de